LETTRE

A

MONSIEUR ***

SUR

LES CAMPAGNES

de Monsieur de Vendôme,
en Italie.

Le prix est de 10. s. broché, & 15. s. relié en veau.

A PARIS,

Chez PIERRE RIBOU, au
bout du Quay des Augustins, à
l'Image Saint Loüis.

MDCCVI.

AVEC PRIVILEGE DU ROY.

AVERTISSEMENT.

IL y a prés de six mois que cette Lettre est écrite. On dira peut-être qu'il falloit la donner dans son tems, ou la supprimer ; mais il n'y a point de de prescription pour la gloire des Grands Hommes ; il est toûjours à propos de leur donner les loüanges qui leur sont deuës, & il sembleroit que nôtre nation y seroit insensible, si elle manquoit d'admiration pour celle que Monsieur de Vendôme s'est acquise en Italie. D'ailleurs rien n'est si necessaire que l'émulation de la vertu, il y a des François qui en ont besoin, & l'on ne sauroit trop relever les actions & les exemples qui la font naître.

Du reste quoique la situation de nos affaires en Italie paroisse un peu differente de celle où Monsieur de Vendôme les avoit mises, nous de-

vons tout efperer du Prince qui a pris
fa place. Nous n'avons rien à defi-
rer ni fur fon application, ni fur fa
capacité, & l'effroi que nous ont
caufé les bleffures qu'il a reçuës devant Turin, ne nous perfuadent que
trop de fa valeur. Ses grands talens
& fon inclination pour la guerre ne
preparent à rien de mediocre; & s'il
en avoit été crû, Mr. le Prince Eugêne ne feroit point à fe repentir
du mouvement qu'il a fait pour
venir attaquer nos lignes.

APPROBATION.

AYANT lû par Ordre de
Monfeigneur le Chancelier cette
Lettre *Sur les Campagnes de Monfieur
de Vendôme en Italie*, j'ai crû qu'el-
le feroit reçuë du Public avec em-
preffement & avec plaifir. Fait à
Paris ce 30. Juillet 1706. Signé,
EA. MARQUE TILLADET.

Presentes, à la charge qu'elles seront enregistrées tout au long sur le Regiſtre de la Communauté des Imprimeurs & Libraires de Paris, & ce dans trois mois de la datte d'Icelles ; que l'impreſſion dudit Livre ſera faite dans nôtre Royaume, & non ailleurs & ce en bon papier, & en beaux caracteres, conformément aux Reglemens de la Librairie, & qu'avant de l'expoſer en vente, il en ſera mis deux Exemplaires dans nôtre Biblioteque publique, un dans celle de nôtre Château du Louvre, & un dans celle de nôtre trés-cher & Feal Chevalier Chancelier de France, le Sieur Phelipeaux Comte de Pontchartrain, Commandeur de nos Ordres, le tout à peine de nullité des Preſentes ; du contenu deſquelles vous mandons & enjoignons de faire joüir ledit Sieur Expoſant, ou ſes ayant cauſe, pleinement & paiſiblement, ſans ſouffrir qu'il leur ſoit cauſé aucun trouble ou empêchement. Voulons que la copie deſdites Preſentes qui ſera imprimée au commencement ou à la fin dudit

Livre, soit tenuë pour bien & duëment signifiée, & qu'aux Copies collationnées par l'un de nos Amez & Feaux Conseillers Secretaires, foi soit ajoûtée comme à l'Original; commandons au premier nôtre Huissier ou Sergent de faire pour l'execution des Presentes tous actes requis & necessaires, sans autre permission, nonobstant clameur de Haro, Charte Normande & autres Lettres à ce contraires. CAR tel est nôtre plaisir. DONNE' à Paris le 30. jour d'Août, l'An de grace mil sept cent six, & de nôtre Regne le Soixante-quatriéme. Par le Roi en son Conseil, Signé LE FEVRE, & scellé du Grand Sceau de Cire Jeaune.

Il est ordonné par Edit de Sa Majesté de 1686. & Arrêt de son Conseil, que les Livres dont l'impression se permet par chacun des Privileges, ne seront vendus que par un Libraire ou un Imprimeur. Regiftré sur le Regiftre N°. 2. de la Communauté des Libraires & Imprimeurs de Paris,

Page 135. No. 288. conformément
aux Reglemens, & notamment à l'Arrêt du Conseil du 13. Août 1703. à
Paris ce 2. jour de Septembre 1706.
Signé, GUERIN Syndic.

Cedé le present à M. RIBOU,
suivant l'accord fait entre nous le 4.
Septembre 1706.

LETTRE

A

MONSIEUR ****.

SUR LES CAMPAGNES
de Mr. de Vendôme, en Italie.

NE vous attendez pas,
Monsieur, à une Rela-
tion suivie ; ce n'est point une
histoire ; c'est une Lettre que
j'écris ; ce ne sont point des
faits que je prétens vous ap-
prendre , mais c'est par des
faits que je veux tâcher de
vous faire connoître que les
grands Capitaines pour qui

A

vous êtes si prevenu, auroient eu peut-être bien de la peine à se démêler aussi glorieusement que Mr. de Vendôme, de la guerre qu'a fait ce Prince depuis cinq ans.

On n'en a guere vû de plus difficile. Les affaires étoient presque desesperées en Italie, lorsque le Roi le nomma pour y aller commander l'armée des deux Couronnes ; & S. M. ne pouvoit donner un plus penible exercice à sa capacité, ni une plus ample matiere à sa gloire.

Cette guerre eut d'assez mauvais commencemens pour nous. Ce n'étoit pas la faute de nôtre General; il est trop sage & trop éclairé, pour pouvoir être soupçonné d'avoir eü part à nos mauvais suc-

cez. Il n'avoit été malheu-
reux que par des raisons qui
ne pouvoient lui être impu-
tées, & qui mettoient à cou-
vert son merite, à mesure
qu'elles faisoient honneur à
sa penetration.

La Ville de Mantoüe avoit
essuyé un Blocus de huit
mois; le Ferrarois, le Mantoüan, le Modenois, la Mi-
randolle, Bercel, & tous les
postes qui pouvoient couvrir
le Milanez, étoient au pouvoir des ennemis. On voyoit
nôtre armée diminuée par les
maladies, affoiblie, & rebu-
tée par les pertes: nous avions
le pays contre nous, & la situation où se trouva Mr. de
Vendôme, étoit dautant plus
délicate, qu'il n'avoit pas
moins à se garder de nos amis,

[4]
que de nos ennemis mêmes.

Parmi ces circonſtances embaraſſantes, tout autre ſe ſeroit borné à la gloire d'une honorable défenſive, & bien-loin d'aſpirer à des progrez, il auroit crû avancer beaucoup, de s'oppoſer utilement à ceux que les ennemis pouvoient faire.

Mais il ſemble que les grands hommes attachent un air de honte à la défenſive, & qu'ils ſe trouvent reſſerrez dans les bornes qu'elle leur preſcrit.

Leur gloire dans la défenſive,
Leur paroît avilie, & leur valeur
captive ;
Il ſemble que leur bras ſe refuſe
au danger.

En vain la fortune facile.
Leur offre de Lauriers une moiſ-

son fertile,

 Et les avertit de charger.

 Une prudence mal-habile

Rend du sort qui leur rit la fa-

 veur inutile.

Nul exploit, nul projet ne leur

 semble permis ;

Souvent sans ozer vaincre, il

 faut qu'ils se défendent,

 Et tous leurs mouvemens dé-

 pendent

 De ceux que font les ennemis.

Mr. de Vendôme ne pût s'assujetir aux maximes d'une défensive qui auroit semblé l'obscurcir, & la gloire d'exercer les ennemis parut bien plus brillante à ses yeux, que celle de les attendre, & de repousser leurs efforts.

Dailleurs ce Prince comprit que rien n'étoit plus important que de les éloigner à quelque prix que ce fut, & que pour peu qu'ils gagnaſſent encore de terrain, il les auroit ſur les bras dans le Milanez même, dont il leur étoit venu défendre l'entrée.

Nos troupes avoient trouvé dans la journée de Cremone des reſſources ſurprenantes dans leur valeur, mais elles avoient ſi mal réüſſi auparavant dans tout ce qu'elles avoient entrepris, par je ne ſçai quel mauvais genie qui les conduiſoit à leur perte, ſous pretexte de les mener à la victoire, que les exploits les plus aiſez leur paroiſſoient au deſſus de leur courage, parce qu'ils les expoſoient toûjours à des ſurpriſes qui étoient au deſſus de leur prévoyance.

Voila quelles étoient nos

troupes courageuses , mais re-
butées ; pleines de bonne
volonté, mais entierement dé-
pourveües de confiance.

Aprés ce qui leur étoit arrivé à Chiari, & presque par
tout ailleurs, tout leur étoit
suspect, tout leur inspiroit de
l'ombrage & de la crainte, &
dans la défiance où elles
étoient, elles croyoient qu'elles n'avoient qu'à combattre
pour être vaincües.

Il étoit dangereux que cette
mauvaise disposition ne passât
par contagion jusqu'au General. Mais un grand Capitaine, bien-loin de se laisser
gagner au decouragement d'u-
ne armée que les disgraces ont
abbatuë, lui inspire son esprit, l'arrache à sa propre lan-
gueur, & lui faisant retrou-

ver sa premiere vertu, la rend toute entiere à elle même.

C'eſt ce que produiſit la preſence de Mr. de Vendôme.

Dés que les troupes virent ce Prince à leur tête, elles furent animées d'un nouvel eſprit, & ſe ſentirent capables de vaincre. La ſuperiorité qu'elles reprirent, & qu'elles ont depuis conſervée, fait aiſément voir que les qualitez d'un General influent ſur l'armée qu'il commande, & qu'elle emprunte de lui, ce qui la rend ou timide ou victorieuſe.

Avant que de prétendre à aucun avantage ſur les ennemis, il falloit leur faire perdre ceux qu'ils avoient remportez ſur nous. On ne pouvoit ſe flater d'en venir à bout en une ſeule Campagne, à

moins que de gagner une bataille. Mr. le Prince Eugêne
n'en vouloit point, parce qu'à
la faveur des postes qu'il
occupoit , il pouvoit ruzer
long-tems & affoiblir insensi-
blement nôtre armée ; c'étoit
encore moins le dessein de Mr.
de Vendôme , qui vouloit remettre le cœur de ses troupes
par de petits succez , & leur
faire retrouver leur confiance dans des rencontres parti-
culieres , afin d'en être plus
seur , quand il en faudroit venir à une action generale.

Les premiers mouvemens,
que fît Mr. le Prince Eugêne
produisirent cet effet. Il se retira devant Mr. de Vendôme
avec un air de fuite par de-là
trois ou quatre rivieres , &
aprés avoir abandonné les

poſtes qui reſſeroiènt Mantoüe, il s'alla retrancher au
Serraglio. Mr. de Vendôme
qui ne fait pas eas de la gloire
aiſée, fut honteux que Mr.
le Prince Eugêne lui cedât
une ſi grande étenduë de terrain ſans lui faire tirer l'épée;
& certainement il y avoit de
quoi s'étonner de le voir renoncer ſans qu'on l'y forçât à
la ſuperiorité qu'il avoit eüe,
Il ne tenoit qu'à lui de la diſ-
puter à la faveur de ces rivieres que nos troupes paſſerènt
en ſa preſence; & de nous la
faire acheter bien cher, s'il
étoit reduit à la perdre.

Il ſçut néanmoins profiter
en habile homme de l'avantage des lieux; & s'il ne put ſe
défendre de lever le Blocus de
Mantoüe que M. de Vendôme

ravitailla, il trouva moyen de se mettre en sureté dans le Serraglio, & d'incommoder encore Mantoüe dont ce camp rendoit une des portes impraticable.

Il avoit sa gauche au Mincio, & sa droite à Borgoforte; par le Mincio il conservoit sa communication avec le Trentin ; & par Borgoforte avec le bas du Pô, Bercel, & la Mirandole. Rien n'étoit mieux imaginé que ce camp, on ne pouvoit l'y forcer, & il auroit reduit nôtre armée à une inaction desagreable, s'il avoit eû à faire à un General sans dessein & sans étenduë, & facile à ceder aux difficultez.

La levée du Blocus, & le ravitaillement de Mantoüe, étoit le premier projet que

Mr. de Vendôme avoit for-
mé, il lui avoit parfaitement
réüſſi, il en falloit former un
ſecond dont l'execution ne
paroiſſoit pas moins difficile,
c'étoit de chaſſer Mr. le Prince Eugêne du Serraglio, en
embaraſſant ſes communications, en enlevant, ou en in-
quietant ſes convois ; & en lui
donnant de la jalouſie ſur Bercel, & ſur la Mirandole. Pour
réüſſir dans ce ſecond projet,
il étoit néceſſaire de s'étendre au deſſus & au deſſous
de Mantoüe, & de l'empê-
cher de ſortir de ſon camp ,
par où il y étoit entré.

Dans l'execution de ce
deſſein Mr. de Vendôme ne
prit aucune meſure qui ne fut
juſte. Il envoya des troupes
au de-là du Camp des ennemis

pour surprendre leurs convois & pour contraindre leurs mouvemens ; leurs partis étoient chassez des bords du Mincio si tôt qu'ils osoient y paroître, & trois mille chevaux qui avoient passé le Pô à Bergoforte sous la conduite du General Visconty, pour couvrir Bercel & la Mirandole , furent taillez en piece. Le Roi d'Espagne qui étoit arrivé à l'armée , voulut avoir part à cette victoire , & sa presence la rendit complette.

Mr. le Prince Eugêne se voyant debordé de tous côtez, & jugeant qu'il perdroit ses communications, & peut-être même le Modenois s'il s'obstinoit à demeurer dans son Camp , prit le party de s'étendre au de-là du Pô , sans pourtant renoncer au Serraglio avec lequel il communiquoit toûjours par le Pont de Borgoforte. Mr. de Vendôme qui ne perdoit pas un de ses mouvemens, porta la plus grande partie de ses forces du même côté, & forma le dessein de s'emparer du Château de Luzara, par où en jettant un Pont sur le Pô, il pouvoit incommoder la communication de Borgoforte, & resserrer le Camp du Serraglio : c'est tout ce que Mr. le Prince Eugêne craignoit, il penetra où il apprit le dessein de Mr. de Vendôme presque aussi tôt qu'il l'eut formé, & s'avança pour s'y opposer. C'est ce qui donna lieu à la bataille de Luzara.

Mr. de Vendôme qui ne

sçavoit pas que Mr. le Prince
Eugêne avoit un esprit fami-
lier qui l'avertissoit de toutes
ses actions, & même de ses
pensées, fît voir dans cette
occasion que les surprises peuvent donner d'abord quelque
avantage à la guerre, mais
qu'un habile General se met
aisément au dessus du trouble
& de l'embaras qu'elles pro-
duisent.

A mesure que nos troupes
en marchant à Luzara arri-
voient au camp qui leur avoit
été marqué, les unes son-
geoint à tendre, les autres à aller au fourage. C'est dans ce
tems qu'elles furent atta-
quées. L'esprit de leur General qui n'étoit point encore
là, agît aussi tôt sur elles, &
l'on auroit dit, par la regula-

rité de leurs mouvemens qu'elles executoient ses ordres, comme s'il avoit été present. Elles quitterent le soin de se camper pour celui de combatre, avec la même assurance & la même tranquillité, que s'il avoit fallu cesser de combatre pour se camper. Mr. de Vendôme en arrivant eut peu de chose à leur dire, donna ses ordres à celles qui avançoient du même sens froid, que s'il étoit venu pour attaquer; & loin de les laisser borner au soin de se défendre, il leur mit un nouvel objet devant les yeux, & les fît aspirer à la gloire de vaincre.

Mr. le prince Eugêne qui avoit premedité ce dessein, & qui vouloit faire un effort pour sauver le Mantoüan &

le

le Modenois qui lui écha-
poient, s'étoit posté avanta-
geusement ; la bataille fût san-
glante, la victoire également
disputée, & chacun demeura à
la fin de l'action dans le terrain qu'il avoit occupé.

Cette surprise auroit dû
produire d'autres effets à Mr.
le Prince Eugêne, & de la
maniere qu'elle avoit été con-
certée, l'armée des deux Couronnes étoit perduë sans res-
source, si Mr. de Vendôme
avoit été sujet à se troubler.
Il n'envisagea le peril que
pour le surmonter, & sans la
crainte qu'il eut d'exposer le
Roi d'Espagne qui ne s'ex-
posoit que trop de lui-même,
il y a apparence que les agres-
seurs n'en auroient pas été
quittés à si bon marché.

B

[18]

On a dit que Mr. le Prince Eugêne crût avoir l'avantage dans cette journée, & l'on ne sçauroit trop loüer sa conduite dans cette opinion de superiorité. La grande habileté d'un General, consiste à sçavoir donner des bornes à sa victoire, il y a un certain point jusqu'où il est permis de poursuivre ses avantages ; ce n'est pas connoître ses forces ni celles de l'ennemi, que de n'oser aller jusque-là, ou de vouloir aller plus loin. Mr. le Prince Eugêne s'arrêta sagement à ce point, & l'on voit bien par la moderation dont il fut, qu'il auroit crû perdre tout le merite de cette action, s'il avoit cherché à l'augmenter.

Mr. de Vendôme se flata

peut-être comme lui d'avoir vaincû, mais il ne fut pas si moderé ; on sçait qu'aprés la bataille il se rendit maître de Luzara, qu'il attaqua ensuite Borgoforte, & qu'il reduisit enfin Mr. le Prince Eugêne à se retirer le premier, à éva-cüer le Serraglio, & à s'aller retrancher à Ostiglia.

Quoiqu'il en soit, si Mr. de Vendôme eut l'avantage, on voit qu'il n'oublia rien pour profiter de sa victoire, & s'il fut battu comme les ennemis ont affecté de le répandre, on doit dire de ce prince ce que disoit Annibal de Marcellus, que ne pouvant se contenir dans la bonne, ni dans la mauvaise fortune, il ne donnoit jamais de repos à son ennemi quand il l'avoit vaincu, ni n'en prenoit quand il avoit été vaincu lui-même. Nous n'aurons jamais fait avec lui, ajoûtoit-il, puisque la gloire de vaincre ne sçauroit le contenter, & que la honte d'être vaincu lui fait toûjours oser d'avantage.

S'il faut parler serieuse-ment, je ne sçaurois croire que Mr. le Prince Eugêne ait écrit aux Etats Generaux qu'il avoit battu nôtre armée, il doit être content de sa gloi-re acquise, & il n'y a nulle apparence qu'il ait pû être sensible à une gloire d'ostan-tation.

Voudroit-il se parer d'un merite emprunté,
N'a-t-il pas assez de sa gloire,
Sans se piquer d'une victoire

*Qui ne peut s'accorder avec la
     verité,
Et qui loin d'imposer à la posterité,
     Et de consacrer sa memoire,
     Ne serviroit qu'à gâter son
          histoire,
     En le taxant de vanité.*

Le parti qu'il prit quelque
tems aprés, paroiſſoit peu
conforme à cette opinion,
puiſqu'en ſe retirant à Oſti-
glia, il ſembloit renoncer à
tous les progrez qu'il avoit fait
depuis ſon irruption en Italie.
Ce fut là le ſuccez du ſecond projet que Mr. de Vendôme avoit formé, aprés avoir
delivré Mantoüe, & il faut
convenir que rien de tout ce
qui le pouvoit faire réüſſir,
n'avoit échapé à ſa prudence,
ni reſiſté à ſa valeur.

Aprés la bataille de Luzara, les affaires de l'Empereur
allerent toûjours en déclinant
en Italie, il ne restoit presque plus d'esperance à Mr. le
Prince Eugêne, tous ses postes furent emportez ou inves-
tis, & son armée qui étoit
déjà fort affoiblie, achevoit
de se consumer à Ostiglia,
lorsque les plaintes des troupes qui n'étoient point payées,
& qui perissoient de misere
dans un mauvais air, le déter-
minerent à aller presser à
Vienne de nouveaux secours
d'hommes & d'argent.

Ce fut à peu prés dans ce
tems que Mr. de Vendô-
me eut ordre d'aller joindre
Mr. de Baviere dans le Tirol.
Le dessein étoit grand, &
pouvoit avoir d'étranges suites

pour la Maison d'Autriche.
La marche de Mr. de Ven-
dôme par le Trentin étoit
difficile, il falloit forcer des
défilez, prendre des postes,
s'assurer des passages pour éta-
blir la communication avec
nôtre armée d'Italie, livrer
des combats à tout moment,
& rien n'égale la precaution,
l'activité, & le courage de ce
Prince à éviter ou à vaincre
tous les obstacles qui s'y op-
poserent.

La cause qu'il avoit pene-
trée depuis long-tems, & qui
le fît partir à regret quand il
en reçeut l'ordre, le rapella en
Italie. Les conferences secre-
tes de Mr. de Savoye avec le
Ministre de l'Empereur, de-
vinrent si publiques, qu'on
ne douta plus de sa mauvaise

volonté pour nous. Ses troupes avoient un ordre secret de
se retirer, & l'on commençoit
déjà à s'apercevoir de leur
évasion, lorsque que Mr. de
Vendôme les fît désarmer &
les arrêta.

Mr. de Savoye qui n'agis-
soit encore que par des sou-
terrains, & qui auroit voulu
les retirer avant que de lever
le masque, se plaignit de cette violence, mais la datte de
son traité avec l'Empereur
qui étoit de beaucoup ante-
rieure, justifia le procedé de
Mr. de Vendôme, & le fît repentir de la lenteur de sa défiance.

Le Conseil de Vienne ju-
gea à propos de dédomager
Mr. de Savoye de la perte de
ses troupes, par celles qui res-
toient

[25]

toient à Ostiglia, & le Comte
de Staremberg qui les com-
mandoit, en l'absence de Mr.
le Prince Eugêne, eut ordre
de penetrer avec elles dans le
Piedmont. Sa marche fut
dautant plus-belle que Mr.
de Vendôme, quoiqu'il ne
fut pas d'abord à portée, n'oublia rien pour la traverser,
& que Mr. de Savoye qui avoit
sur les bras M. le Chevalier
de Vendôme, ne pouvoit la
favoriser. Aprés une extrême
diligence, nos troupes joigni-
rent son arriere-garde sur les
bords de la Bormida. Une
partie fut taillée en pieces,
pendant que l'autre passoit
le Pont qui rompit, & qui en-
traîna avec lui le Regiment
de Crispaon. Son bagage fut
pris, & son Infanterie qui

C

avoit beaucoup souffert étoit dans un pitoyable état quand il joignit Mr. de Savoye. Sa Cavalerie au nombre de trois mille chevaux commandez par Visconti, fut attaquée & presque entierement défaite entre Tortone & Saraval, il ne s'en sauva qu'un Regiment entier qui roda long-tems dans les montagnes de Gênes, & dont il n'en arriva pas la moitié.

Le Comte de Linange pour conserver la communication avec l'Allemagne, fit une tête du côté du Lac de garde avec quelques troupes que le Comte de Staremberg lui avoit laissées, & quelques autres qu'il ramassa dans le Trentin. L'Empereur augmenta bientôt cette petite Armée par de nouveaux renforts. Mr. de Sa-

voye qui s'étoit flâté que Mr.
de Vendôme fe trouvant partagé entre lui & ce General,
feroit embaraffé de foûtenir
une guerre qui devenoit plus
difficile que jamais, fut bien
étonné de voir que fon chan-
gement n'avoit fervi qu'à lui
élever le courage, & qu'à lui
donner plus de confiance. En
effet Mr. de Vendôme n'en
fut que plus libre dans fon
action, plus entreprenant, &
plus fûr de tous fes projets.

Ce fut avec chagrin &
peut-être avec le regret d'a-
voir changé, que Mr. de Savoye s'apperçût qu'il avoit
en ce Prince, un ennemi
plus habile & plus redouta-
ble qu'il n'avoit crû. Il fut
bien-tôt confirmé dans fes in-
quietudes, & dans la mauvaife

opinion du parti qu'il avoit pris, quand il lui vit affieger Verceil. C'étoit une Place forte & importante, qui impofoit au Milanez par fa fituation, & dont les ouvrages avoient coûté des fommes immenfes aux Ancêtres de Mr. de Savoye. Mr. de Vendôme qui étoit piqué d'avoir été joüé par ce Prince, attaqua cette Place avec une vivacité mêlée de reffentiment, & la preffa fi vigoureufement qu'elle fe rendit prefqu'avant que d'avoir eu le tems de fe reconnoître. Mr. de Savoye voulut qu'on fît le procez au Gouverneur, mais je croi qu'il avoit moins à fe plaindre de la maniere dont elle avoit été défenduë, que de celle dont elle avoit été attaquée.

Ivrée & Bart suivirent bien-
tôt la destinée de Verceil ,
c'étoit par ces deux places
que Mr. de Savoye avoit ses
entrées en Suisse & en Allemagne, d'où il tiroit toutes
ses recruës, & ce fut par là
principalement qu'il souffrit
impatiemment cette perte qui
lui ôtoit presque tout espoir
de se soutenir.

Veruë fut ensuite attaquée.
Les Espagnols avoient été autrefois inutilement huit mois
devant cette Place , elle étoit
forte par elle même, & la
communication qu'elle avoit
avec le Crescentin, par où l'on
pouvoit la rafraichir à tous
momens , sembloit la rendre
imprenable, la saison étoit fà-
cheuse, le Siege fut long &
penible, & l'on ne sçauroit

comprendre ce que les soldats eurent à souffrir, mais rien ne leur paroissoit difficile pour seconder l'intention de leur General qui avoit gagné leur affection par sa bonté, & qui s'attachoit à cette conquête. Tout autre que ce Prince se seroit rendu aux obstacles qu'il y avoit à vaincre. Son caractere est de ne rien trouver d'impossible, il ose tout, & il suffit à tout ce qu'il ose. Aprés que ce Siege eut été suivi pied à pied, avec une patience & une fermeté du côté des soldats & du General, dont l'histoire ne peut conserver la memoire avec trop de soin, le fort qui conservoit la communication avec le Crescentin fut emporté, mais Mr. de Savoye avoit

fait faire tant d'autres ouvrages que la Place tint encore
prés de quarante jours. La
plûpart de ses autres places
furent forcées, & ce Prince
qui avoit crû par son chan-
gement embarasser le cou-
rage & la capacité de Mr. de
Vendôme, se trouva comme
prisonier dans ses états, &
reduit presque à sa capitale.

L'attention de Mr. de Vendôme à abbatre cet ennemi,
ne le détournoit point du projet qu'il avoit formé d'ôter
aux Allemans tout ce qu'ils
possedoient en Italie. Sa pre-
voyance s'étendoit à tout, &
il agissoit où il n'étoit pas,
presque aussi efficacement que
là où il étoit. Bercel, & tout
le Modenois passerent sous
les loix du vainqueur, & la

Mirandole qui tint encore quelque tems ne put éviter de se rendre.

L'extremité où se trouva Mr. de Savoye, lui fit demander encore Mr. le Prince Eugêne avec de nouveaux secours. Il arriva en Italie, & tenta le paſſage du Mincio , mais ayant été repouſſé avec perte, il se retira du côté du Lac de garde. Mr. le Chevalier de Vendôme qui occupoit un poſte avantageux, le tint long-tems en reſpect. Il fit attaquer une Caſſine pour tâcher de penetrer où ses troupes furent fort maltraitées par Mr. de S. Fremont qui y accourut ; & voyant qu'il ne pouvoit avancer de ce côté-là, il trouva moyen de se couler par les monta-

gnes, & de paſſer l'Oglio
prés de ſa ſource. Il n'oublia
rien pour ſe maintenir dans
le terrain qu'il avoit gagné,
il s'empara des treize naviglio
qui lui donnerent de grandes
eſperances, & qui l'auroient
mis à portée de faire de plus
grands progrez, ſi Mr. de
Vendôme ne l'en avoit chaſ-
ſé, & ne l'eut enſuite obligé
de retourner ſur ſes pas par
la perte de la bataille de
Caſſano.

Aprés cette journée qui
ruina toutes les eſperances de
Mr. de Savoye, il fit tout ce
qu'il pût pour délivrer ce
Prince de Mr. de Vendôme,
en faiſant par honneur bonne
contenance. Cependant comme il lui venoit tous les jours
de nouvelles troupes, il fut

bien-tôt en état de l'occuper
veritablement, & cette diver-
sion retarda le siege de Turin.

On ne peut trop admirer
la conduite de Mr. de Vendôme dans l'affaire de Cassa-
no. Mr. le Prince Eugêne
qui vouloit lui dérober une
marche pour tomber sur Mr.
le Grand Prieur, s'étoit saisi du pont de Paradizo, où il
avoit affecté de laisser du
monde pour amuser nôtre armée dans l'opinion embaras-
sante que la sienne l'avoit
peut-être passé. Mr. de Vendôme quoique persuadé qu'il
vouloit lui donner le change,
commanda quelques grena-
diers pour reconnoître ce que
c'étoit, & n'hesitant pas un
moment sur ce qu'il avoit à

penſer du deſſein de l'ennemi, ni ſur le parti qu'il avoit
à prendre, il fit une marche
forcée pour le joindre. Mr.
le Prince Eugêne malgré les
précautions qu'il avoit priſes
pour lui cacher ſon projet, ſe
défioit de ſa penetration, &
ſe ſaiſiſſoit des meilleurs poſtes qu'il trouvoit en ſon che-
min. Celui où il fit face à nôtre armée étoit des plus avantageux ; Mr. de Vendôme
dont le coup d'œil eſt admi-
rable, occupa les plus favora-
bles qu'il pût découvrir. En
arrivant, nos bataillons furent attaquez preſqu'avant
qu'ils euſſent gagné le terrain où ils devoient combattre. Mr. le Prince Eugêne qui
jugeoit bien qu'il n'y auroit
rien à gagner pour lui, s'il at-

tendoit que toute nôtre armée fut ensemble, avoit reso-
lu de la combattre en détail,
& la moitié de nos troupes
n'étoient point encore là ,
qu'elles eurent sur les bras
toutes les forces de l'ennemi.
La premiere charge les éton-
na , & Mr. de Vendôme fut
obligé pour les encourager ,
de mettre pied à terre , & de
combattre à leur tête une de-
mi pique à la main. ce commencement donna de gran-
des esperances à Mr. le Prince Eugêne. Cependant le reste de nostroupes arriva. Celles
des ennemis se flatant déja
d'une victoire certaine, s'é-
toient engagées un peu trop
avant. Mr. de Vendôme qui
s'aperçut de leur faute, les fit
enveloper, & les nôtres ani-

mées de l'idée du peril où elles avoient vû ce prince, en firent un carnage horrible. Mr. le Prince Eugêne crut que celles qu'il envoiroit pour les dégager seroient également perduës, & ne songea qu'à se retirer, ce ne fut pas sans beaucoup de désordre, & sans perdre encore bien du monde. Les ennemis selon leur bonne coûtume, affecterent de déguiser cette défaite, & de s'attribuer la victoire.

Eugêne se flatant d'une illustre
 victoire,

Et voulant faire un coup d'éclat,
S'est engagé dans un combat,
Dont Vendôme à saisi la gloire.
Son effort n'eut pas été vain;
Par lui nôtre valeur alloit être
 accablée,

Si Vendôme dans la mêlée,
N'eut arraché le laurier de sa
main,
Tandis qu'au travers des cam-
pagnes,
Sans Drapeaux, & sans Eten-
darts,
Ses soldats éperdus couroient de
toutes parts,
Et se sauvoient dans les mon-
tagnes,
Le gros Linange aux sombres
bords,
De cette disgrace cruelle,
Alloit annoncer la nouvelle,
Escorté de dix mille morts.

Si Mr. de Vendôme n'a-
voit pas été Capitaine, il auroit donné dans le piege que
lui rendit Mr. le Prince Eugêne, & auroit passé l'adda
pour le suivre où il n'avoit pas

marché ; & s'il n'avoit pas été foldat, il auroit vraifemblablement perdu la bataille.

Aprés cet échec Mr. le Prince Eugêne fut obligé de remettre à la campagne fuivante le deffein de fecourir Mr. de Savoye, & s'en alla à Vienne prendre de nouvelles mefures pour retablir les affaires d'Italie. A peine fut-il de retour à Salo, qu'il en perdit l'efperance, & l'action de Calcinato où Mr. de Vendôme lui tailla en pieces quatorze mille hommes de fes meilleures troupes, le fit retrograder plus loin qu'il n'avoit encore fait.

Voila en general ce qui s'eft paffé en Italie, depuis que Mr. de Vendôme y commande. Il faut refpecter le merite

même qui nous nuit. On ne
sauroit avoir de plus grands
talens pour la guerre qu'en
ont Mr. de Savoye & Mr. le
Prince Eugêne. Il n'est pas
possible de défendre son terrain avec plus de valeur, &
plus de capacité que Mr. le
Duc de Savoye. Tout ce qu'il
a fait en Piedmont pour s'opposer à nos entreprises, l'ordre qu'il a donné dans ses places fortifiées, l'art & le soin
dont il a pourveu à celles qui
étoient ouvertes, l'usage mer-
veilleux qu'il a fait des moin-
dres moyens qu'il a eûs pour
nous resister, & pour se maintenir : & la défense de Veruë
sont des choses qui doivent
immortaliser sa gloire.

Mr. le Prince Eugêne qui
est sans contredit, un des Capitaines

pitaines du siecle qui pense le
plus, a toûjours opposé à Mr.
de Vendôme tous les obstacles qui pouvoient ou faire
échoüer, ou traverser ses projets, & n'a rien obmis de ce
qu'il a crû le plus capable d'e-
xercer sa patience, & d'embarasser son habileté. Stra-
tagême, ruses de guerre, mar-
ches derobées, combats im-
prevus, desseins penetrés ;
tout à été mis par lui en
usage.

Depuis quatre ans Mr. de
Vendôme est entre ses deux
ennemis, également occupé
à affoiblir l'un, & à chasser
l'autre. Quoique partagé entre les deux, nonseulement
il leur resiste, mais il les tient
toûjours dans la défensive, &
bien loin de leur donner le

D

tems de former des projets contre lui, on voit qu'ils ne sçauroient suffire à ceux qu'il forme & qu'il execute lui même contr'eux.

Le premier se voit depoüillé de tous ses états, & reduit à défendre sa capitale. Le second aprés avoir perdu tout ce qu'il avoit conquis en Italie a été forcé de se sauver au delà de la Dige, aprés avoir jetté son canon & toutes ses provisions dans le Lac de Garde.

Si dans les differentes conjonctures Mr. le Prince Eugêne a toûjours pensé juste sur ce qu'il avoit à faire, on ne sauroit penser plus juste qu'a fait Mr. de Vendôme sur ce qu'il avoit à lui oppo- ser. Toutes les démarches de

Mr. le Prince Eugêne pour avancer ses desseins, n'ont servi qu'à l'en éloigner ; il n'a trouvé que des pertes inévitables, où il a conté sur des progrez, & le terrain qu'il a perdu depuis qu'on lui a oposé Mr. de Vendôme, est tout le fruit qui lui reste des tentatives qu'il a faites pour étendre celui qu'il avoit.

C'est peut-être un des plus grands ouvrages de l'art militaire que d'avoir reduit ces deux Princes à l'extremité où nous les voyons. Ceux qui connoissent leur capacité conviendront sans peine qu'on ne sauroit se negliger impunément avec eux, & qu'il ne falloit pas moins d'exactitude & de Vigilance à Mr. de Vendôme pour prendre sur

eux une si haute superio-
rité. Aussi n'a-t-il jamais
ignoré, ni perdu de vuë ce
qu'il y avoit à faire dans les
diverses occurrences où il s'est
trouvé. Jamais on ne l'a vû
décheoir un moment faute
d'attention & de capacité
dans la suite de cette guerre,
& tous les pas qu'il a fait
ont été autant de progrez
qui ont humilié les ennemis,
& donné un nouvel éclat à
sa gloire.

Dans l'état où ce Prince a
mis les affaires, je ne voi plus
pour les François & pour les
espagnols, que des lauriers à
ceüillir par de là les monts, &
grace à sa vigilance & à ses
travaux, il ne tiendra bien-
tôt qu'à la France de porter
ailleurs une partie des forces

qu'elle a employées en Italie jusqu'à ce jour.

Aussi l'on peut dire que si jamais General n'a parû plus occupé du bien de l'état, & de l'honneur de la nation, & n'a été à une gloire plus pure & plus solide, il n'y en a jamais eu de plus aimé, & à qui l'on se soit fait plus de plaisir de rendre Justice.

Son nom est sans cesse dans la bouche des Parisiens dont il n'est pas moins aimé que de ses soldats, & j'ose dire que s'il entendoit les loüanges sinceres & naturelles qu'on lui donne dans la ruë S. Denis, il n'en seroit peut-être pas moins satisfait que de celles qu'on lui accorde à Versailles, & dans les balcons de l'Opera.

[46]

Au plus renommé Capitaine
Que Rome ou la Grece ayent
    produit,
Ou qui sur les bords de la Seine
Ait fait autrefois plus de bruit,
Cette affaire eut coûté peut-être
    plus de peine.
Voyés pourtant comme il la
    menne.
Quel succez, quel éclat, dans ses
    exploits reluit!
Jamais de ses projets l'esperance
    n'est vaine,
Quand il faut les former, la pru-
    dence l'instruit;
Et quand ce Vainqueur les
    poursuit,
Bellone à ses côtez est souvent hors
    d'haleine.
Dans une guerre où tout lui
    nuit,
Par tout jusqu'à ce jour la victoire
    le suit,

Et le Vainqueur de Trazimene
Ne s'y seroit pas mieux conduit.

Dans une guerre éloignée
où l'on languit souvent dans
l'attente des secours qui font
neceſſaires, on peut dire qu'il
a paſſé par toutes les épreu-
ves qui décident du merite
d'un grand Capitaine. Quand
la diſette de vivres ou de mu-
nitions a traverſé ſes entrepri-
ſes, il les a conſtamment ſoute-
nuës dans l'état où elles
étoient lorſqu'il a fallu les in-
terrompre , & l'on ne les a
jamais vû déperir pour avoir
été long-tems retardées.

On voit des Generaux qui
ſe rebutent de leurs deſſeins,
ſi-tôt que les moyens de les
executer leur manquent , ou
qu'il leur arrive des incidens

sur quoi ils n'avoient pas com-
pté, & leur inconstance, ou
leur découragement leur font
trouver de l'impossibilité
où il n'y a que de simples
obstacles.

On en voit d'autres qui ne
connoissent ni l'étenduë d'u-
ne entreprise, ni les moyens
de la faire réussir. Ils s'y em-
barquent pourtant sans savoir
par où ils en sortiront. Une
vivacité étourdie les fait da-
bord débuter contre les regles,
& une presomption aveugle
les fait continuer de même.
Leur vanité leur tient lieu
d'attention, de valeur & de
capacité. Ils se font un merite d'une agitation qui ne sert
qu'à troubler le service, &
qu'à tourmenter inutilement
les troupes ; & quand ils vien-

nent à bout d'un grand deffein, qu'ils n'ont ni conçû,
ni digeré. Ce n'eſt qu'à la valeur des ſoldats, & aux moyens
qui le devoient faire échoüer,
qu'ils en doivent tout le ſuccez.

Nôtre Heros eſt d'un caractere bien different ; une ſeure
penetration lui fait d'abord
enviſager les projets dont l'e-
xecution peut embelir une
campagne & decider les affaires ; & une prudence éclai-
rée lui fait prevoir également
& les obſtacles qui s'y oppo-
ſent, & les moyens de les affoiblir ou de les vaincre.

Dans la ſuite d'une entre-
priſe difficile, rien ne l'em-
baraſſe parce qu'il eſt prepa-
ré à tout, rien ne le ſurprend
parce qu'il a tout prevû. Su-

périeur aux incidens, il les écarte, intrepide & de sang froid à la vuë du danger, il l'elude ou il le surmonte.

Dans une action generale d'où dépend le destin d'un État, il a le coup d'œil nécessaire pour démêler entre les mouvemens des ennemis ceux qui peuvent lui ôter ou lui donner la victoire, son action n'est ni confuse ni embarassée, ses ordres sont prompts sans être precipités, & il est également present aux avantages que lui offre la fortune, & à ceux que les ennemis s'éforcent de prendre sur lui.

Quelque douteuse que paroisse une affaire, il en détruit bien-tôt l'incertitude. Appliqué aux obstacles qui arrêtent & qui font languir l'action,

& aux moyens de les éloigner,
il va dans ces occasions jusqu'où la valeur & la capacité peuvent atteindre, & il
ne laisse à desirer dans sa victoire que ce que la prudence
défend de poursuivre.

L'attention que la plûpart
des Generaux ont à leurs affaires leur fait souvent perdre
le soin de leur gloire, pour lui
il ne connoît point d'autre in-
terêt que celui des troupes &
del'Etat, & il compte que c'est
assez songer à lui que de songer à ses soldats & à sa pa-
trie.

Il va tellement au bien des
affaires, que quoi qu'il pre-
voye dans la conclusion de la
paix, la diminution de son
credit, il aime mieux se re-
duire à l'inutilité de ses talens,

que d'entendre les plaintes de tout un peuple, & de voir continuer les maux que la guerre amene. Affable, humain & condefcendant, il charme tous ceux qui l'aprochent, par la douceur de fes manieres & par la bonté de fon naturel ; fier & terrible avec fes ennemis, il eft capable de renverfer la fortune d'un prince qui le defoblige, & qui manque aux égards que l'on doit à fon nom & à fa perfonne.

Son courage & fa patience qui ne fauroient fe rendre aux difficultez, paffent de lui dans fes foldats qu'il traite en vrai pere, & l'on ne peut démêler entre lui & fon armée, qui a plus à cœur une expedition dont le fuccez eft de confequence.

S'agît-il d'un projet qu'on croiroit
impoſſible,
On s'ébranle, on y court d'un air
victorieux,
Le jeûne & le travail n'offrent
rien de penible,
On diroit qu'à la faim, perſonne
n'eſt ſenſible,
Et que tous les ſoldats ſont des
corps glorieux.

Le plus grand de tous les
talens, c'eſt de ſavoir condui-
re les hommes, & c'eſt principalement celui de nôtre heros. Son caractere doux & affable lui aſſeure ſon autorité
ſur les troupes, & il doit moins
l'obſervation de la diſcipline à
la ſeverité des loix de la guerre, qu'au plaiſir qu'on ſe fait
de lui obéïr ; il ne diſpoſe ſou-
verainement des eſprits, que

parce qu'il a le don de gagner les cœurs, qu'il n'uſe de la bonne volonté des troupes que dans les choſes neceſſaires , & qu'il ſçait temperer la rigueur de l'obéïſſance par la douceur du commandement.

Un empire de cette nature où l'agrément du ſervice ne coute aucune contrainte au General, parce qu'il eſt moins l'ouvrage de ſon étude que de ſa bonté , eſt un empire ſûr & durable , & je ne ſçai ce qu'un General de ce caractere ne pourroit pas entreprendre, & ce que des troupes ainſi affectionnées ne pourroient pas executer.

Avec des troupes ſi dociles
Quels fleuves à paſſer paroîtroient
difficiles ?

Quel effort seroit impuissant?
Il pourroit tout tenter au gré de
de son envie,
Il pourroit traverser les sables de
Lybie,
Et faire trembler le croissant
Jusques dans le fond de l'Asie.

L'experience nous fait voir que rien n'est plus important à la guerre que les précautions, le heros dont je parle en prend rarement d'inutiles, & n'oublie jamais les necessaires ; toûjours sûr de ce que les ennemis peuvent faire, & de ce qu'ils ne sauroient entreprendre, il s'éloigne également d'un repos qui peut être dangereux, & d'une action qui ne tend à rien.

Combien voyons-nous de heros

Se méprendre & donner à faux
Dans la crainte & la confiance?
Leur mouvement & leur repos
Marquent souvent leur igno-
rance.

On a raison de dire que les
conjonctures changent les
hommes : M. le Prince Eugêne en est un exemple, & rien
ne me paroît plus surprenant
que de le voir si different de
ce que nous l'avons vû. Ses
premieres campagnes en Italie furent brillantes, tout lui
réüssissoit, & il avoit des avis
si fidels, que les desseins de
nos Generaux étoient aussi-
tôt échoüez que resolus. Sa
penetration étoit incommode
ceux qui avoient de bons yeux
n'en osoient reveler la cause,
ceux qui ne la soupçonnoient

pas, ne pouvoient s'empê-
cher de croire qu'il y avoit
quelque chose en lui qui sur-
passoit la nature.

Je cherche vainement en lui, ce
fier guerrier
Qui nous donna plus d'une
allarme,
N'auroit-il pas perdu le charme
Qui le fit passer pour sorcier?

Seroit-il possible que cette
grande reputation qu'il s'ac-
quit d'abord, n'eut été que
l'ouvrage de nôtre confiance
& d'une respectueuse creduli-
té? je ne sçaurois renoncer
à mes premieres idées, &
j'aime mieux voir toûjours
en lui le heros du Serraglio,
que de rien diminuer de l'es-
time que l'on ne doit point
lui refuser.

Il est certain neanmoins que s'il n'a rien perdu de son merite, il a perdu sa superiorité depuis qu'il n'a plus le don de deviner. Nos partis ne sont point battus par tout comme ils l'étoient, nos desseins ne sont plus découverts, nous ne sommes plus exposez à des surprises, & ce torrent impetueux qu'on ne pouvoit arrêter au commencement, ne sçauroit plus s'éloigner des montagnes d'où il sortît la premiere fois avec tant de rapidité.

Vendôme arrête dans sa course
Ce torrent dont d'abord le progrez
fut si beau,
Et par un prodige nouveau,
Le force à retourner du côté de sa
source.

Avoüons que le heros est
different de ce qu'il étoit, parce que les conjonctures font
differentes, & qu'elles influent
toûjours quelque chofe fur les
plus grands hommes, fans al-
terer pourtant leurs vertus.
Mais en nous laiffant aller à
l'impreffion que fon merite
doit faire en nous, fouhai-
tons qu'il n'ait point d'autres
avantages en nous faifant la
guerre, que ceux qu'il tire de
fon genie. Ceux dont il s'eft
fervi fi long-rems ne doivent
pas être permis. En fait de
guerre comme en toute autre
chofe, il me femble qu'on doit
toûjours joüer le franc jeu,
& ce prince nous a trompé fi
fouvent contre les regles, que
fi M. de Vendôme n'avoit re-
gagné ce que nous avions per-

du, je ne crois pas qu'il lui fut
permis de s'en faire honneur.
Du reste nous avons éprouvé
affez de fois qu'il ne doit pas
être confondu.

Avec les heros du vulgaire,
Je ne lui connois pas un talent de
rebut,
Et c'eft bien tout ce qu'on peut
faire,
Que de joüer avec lui but à but.

En effet perfonne n'a plus
l'efprit du jeu que ce Prince,
d'ailleurs rendons-lui la juf-
tice qui lui eft düe. L'ennemi
n'exclut point en lui le heros,
& le foin de fa fierté ne lui
fait point oublier ce qu'il
doit à l'equité & à la politef-
fe, on eft heureux quand on
n'a point à fe garder des vices.

de ses ennemis, & qu'on n'a à
se défendre que de leurs vertus.

Muses, gravez son nom au temple
de memoire,
Nous voulons que par vous, ce he-
ros soit vanté;
Plus vous ferez briller ses faits
dans son histoire,
Ses ruzes, ses vertus, & sa ca-
pacité,
Plus Vendôme en aura de gloire.

En voila assez Mr. pour
vous déterminer sur ce que
vous devez penser de Mr. de
Vendôme. Si vous n'êtes pas
content de ma Lettre, il
faudra que vous soyez bien
difficile si vous ne l'êtes du
heros qui en fait le sujet. Je
suis &c.

F I N.